# Coleção Eu gosto m@is

## CÉLIA PASSOS

Cursou Pedagogia na Faculdade de Ciências Humanas de Olinda – PE, com licenciaturas em Educação Especial e Orientação Educacional. Professora do Ensino Fundamental e Médio (Magistério) e coordenadora escolar de 1978 a 1990.

## ZENEIDE SILVA

Cursou Pedagogia na Universidade Católica de Pernambuco, com licenciatura em Supervisão Escolar. Pós-graduada em Literatura Infantil. Mestra em Formação de Educador pela Universidade Isla, Vila de Nova Gaia, Portugal. Assessora Pedagógica, professora do Ensino Fundamental e supervisora escolar desde 1986.

VOLUME 1
EDUCAÇÃO INFANTIL

3ª edição
São Paulo
2020

IBEP

# NATUREZA E SOCIEDADE

Coleção Eu Gosto M@is
Educação Infantil – Natureza e Sociedade – Volume 1
© IBEP, 2020

| | |
|---:|:---|
| Diretor superintendente | Jorge Yunes |
| Diretora editorial | Célia de Assis |
| Assessoria pedagógica | Mariana Colossal |
| Edição e revisão | RAF Editoria e Serviços |
| Produção editorial | Elza Mizue Hata Fujihara |
| Assistente de produção gráfica | Marcelo de Paula Ribeiro |
| Estagiária | Verena Fiesenig |
| Iconografia | IBEP |
| Ilustração | Bruna Ishihara, Eunice – Conexão Editorial, Fábio – Imaginário Studio, João Anselmo e Izomar, José Luís Juhas/Ilustra Cartoon |
| Projeto gráfico e capa | Aline Benitez |
| Ilustração da capa | Box&dea |
| Diagramação | Nany Produções Gráficas |

3ª edição – São Paulo – 2020
Todos os direitos reservados

**IBEP**

Rua Gomes de Carvalho, 1306 – 11º andar – Vila Olímpia
São Paulo-SP – 04547-005 – Brasil – Tel.: (11) 2799-7799
www.ibep-nacional.com.br

---

**CIP-BRASIL. CATALOGAÇÃO NA PUBLICAÇÃO**
**SINDICATO NACIONAL DOS EDITORES DE LIVROS, RJ**

P32e
3. ed.
v. 1

Passos, Célia
　Eu gosto mais : natureza e sociedade: educação infantil, volume 1 / Célia Passos, Zeneide Silva. - 3. ed. - São Paulo : IBEP, 2020.
　: il. (Eu gosto m@is ; 1)

ISBN 978-65-5696-026-5 (aluno)
ISBN 978-65-5696-027-2 (professor)

1. Educação infantil. I. Silva, Zeneide. II. Título. III. Série.

20-64429　　　　　　　　　　　　　　CDD: 372.21
　　　　　　　　　　　　　　　　　　CDU: 373.2

Leandra Felix da Cruz Candido - Bibliotecária CRB-7/6135
18/05/2020　　25/05/2020

Em respeito ao meio ambiente, as folhas deste livro foram produzidas com fibras obtidas de árvores de florestas plantadas, com origem certificada.

**Impressão e Acabamento**
Oceano Indústria Gráfica e Editora Ltda
Rua Osasco, 644 - Rod. Anhanguera, Km 33
CEP 07753-040 - Cajamar - SP
CNPJ: 67.795.906/0001-10

# MENSAGEM AO ALUNO

QUERIDO ALUNO, QUERIDA ALUNA,

QUE MARAVILHA SABER QUE VAMOS TRABALHAR JUNTOS DURANTE TODO ESTE ANO!

A COLEÇÃO **EU GOSTO M@IS** FOI FEITA PARA CRIANÇAS COMO VOCÊ.

ESCREVEMOS ESTE LIVRO COM MUITO CARINHO E ESPERAMOS QUE VOCÊ DESCUBRA E CONHEÇA AINDA MAIS O AMBIENTE EM QUE VIVE.

CUIDE MUITO BEM DO SEU LIVRO. ELE SERÁ SEU COMPANHEIRO NO DIA A DIA.

UM GRANDE ABRAÇO,

AS AUTORAS

# SUMÁRIO

| CONTEÚDOS | LIÇÕES |
|---|---|
| Fases de desenvolvimento | 1, 2 |
| Identidade | 3, 4, 5 |
| Partes do corpo | 6, 7, 8 |
| Cuidados com a saúde | 9, 10, 11, 12, 13, 14 |
| Órgãos dos sentidos | 15, 16, 17, 18, 19, 20 |
| Dia quente/dia frio | 20, 21, 22, 23 |
| Família | 24, 25 |
| Moradia | 26, 27, 28 |
| Escola | 29, 30, 31, 32, 33, 34 |

| CONTEÚDOS | LIÇÕES |
|---|---|
| Cuidados com o meio ambiente | 35, 36, 37, 38 |
| Plantas | 39, 40, 41, 42, 43, 44, 45 |
| Animais | 46, 47, 48, 49, 50, 51, 52, 53, 54, 55, 56, 57, 58 |
| Meios de transporte | 59, 60, 61, 62, 63 |
| Meios de comunicação | 64, 65, 66 |
| Autoconhecimento | 67, 68 |

| | |
|---|---|
| ALMANAQUE | PÁGINA 72 |
| ADESIVOS | PÁGINA 89 |

**LIÇÃO 1**

AS CENAS MOSTRAM QUE PEDRO ESTÁ CRESCENDO.
COLE OS ADESIVOS DA PÁGINA 89 NAS FASES DE CRESCIMENTO DO PEDRO.

| | | |
|---|---|---|
| PEDRO AINDA É UM BEBÊ. | PEDRO JÁ SABE ENGATINHAR. | PEDRO APRENDEU A ANDAR. |

**LIÇÃO 2**

COLE SUAS FOTOGRAFIAS NOS QUADROS INDICADOS.

ANTES EU ERA ASSIM

AGORA EU SOU ASSIM

**LIÇÃO 3**

A PROFESSORA VAI ESCREVER SEU NOME NO QUADRO. OBSERVE. RISQUE A PRIMEIRA LETRA DO SEU NOME.

**LIÇÃO 4**

QUANTOS ANOS VOCÊ TEM?

PINTE A QUANTIDADE DE VELAS QUE REPRESENTA A SUA IDADE.

**LIÇÃO 5**

MARQUE UM ✗ NA ATIVIDADE QUE VOCÊ MAIS GOSTA DE FAZER. CONTE À PROFESSORA E AOS COLEGAS POR QUE VOCÊ ESCOLHEU ESSA ATIVIDADE.

**LIÇÃO 6**

CIRCULE NO CORPO DA MENINA AS PARTES QUE ESTÃO MOSTRADAS NOS QUADRINHOS.

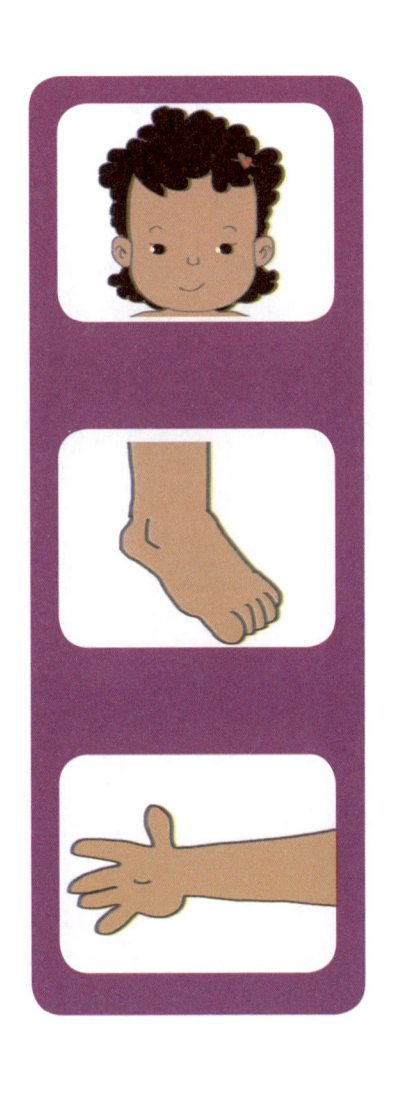

**LIÇÃO 7**

COMPLETE O ROSTO DESENHANDO OS OLHOS, O NARIZ E A BOCA. DEPOIS, DESENHE O CABELO.

**LIÇÃO 8**

OBSERVE AS CRIANÇAS. DEPOIS, PINTE OS BRAÇOS DA MENINA E AS PERNAS DO MENINO.

## LIÇÃO 9

TODAS AS PESSOAS DEVEM CUIDAR DA SAÚDE DO CORPO. CIRCULE AS IMAGENS QUE MOSTRAM ATITUDES IMPORTANTES PARA A SAÚDE.

COMER FRUTAS.

LAVAR BEM AS MÃOS.

ESCOVAR OS DENTES.

BEBER ÁGUA.

**LIÇÃO 10**

A HIGIENE PESSOAL É IMPORTANTE PARA A SAÚDE.
FAÇA UM ✗ NOS OBJETOS QUE VOCÊ USA PARA SUA HIGIENE.

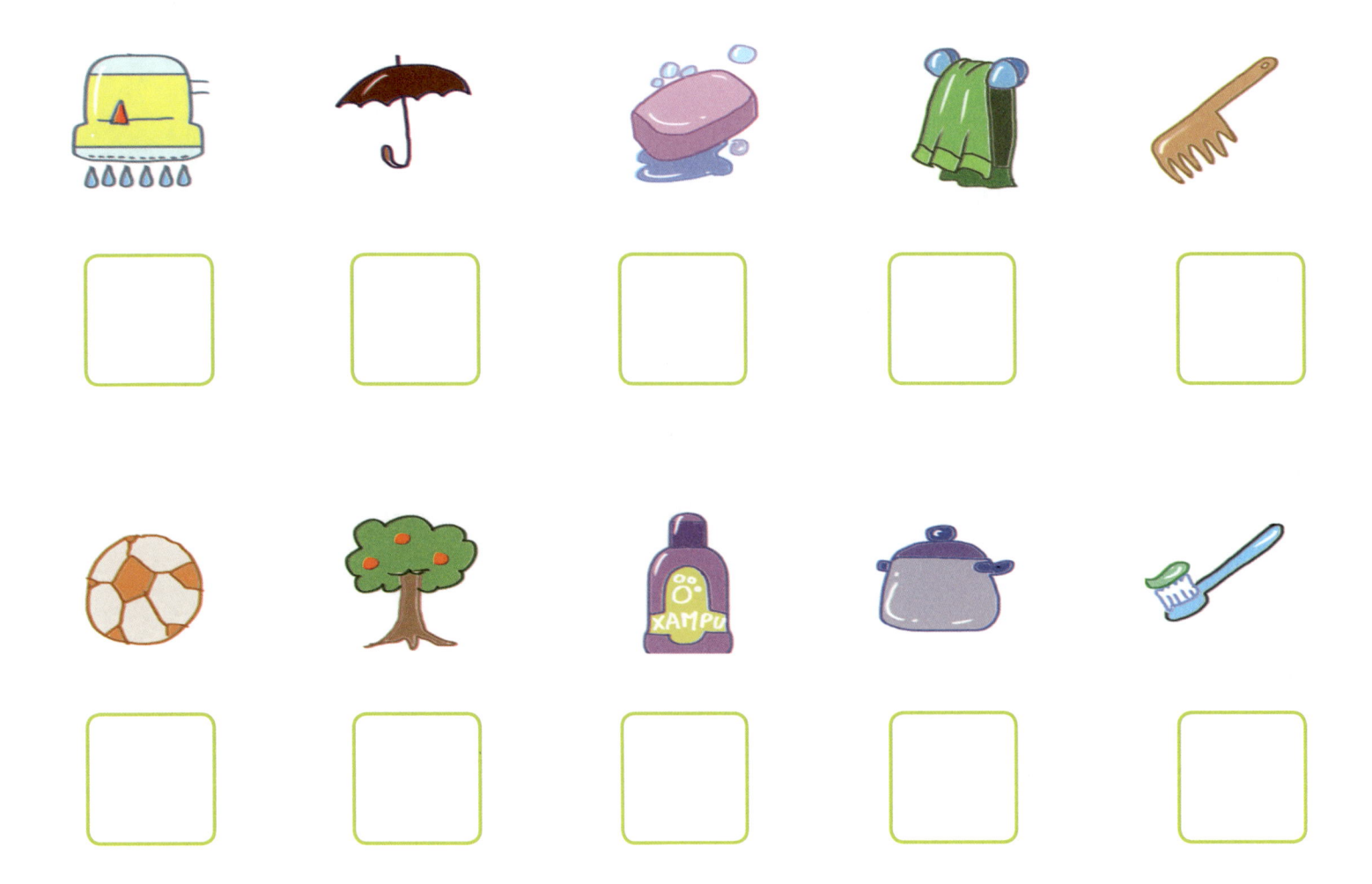

**LIÇÃO 11**

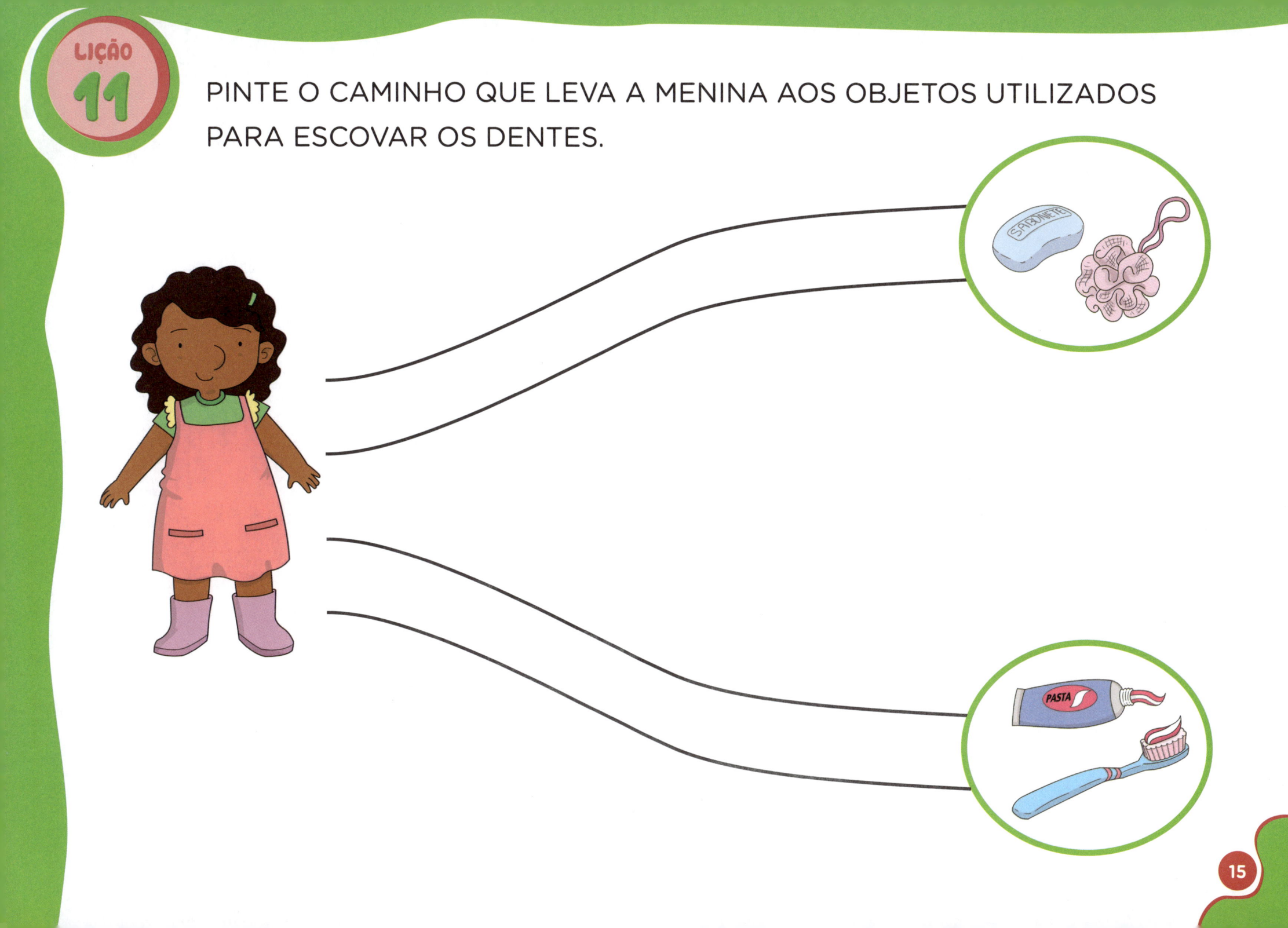

PINTE O CAMINHO QUE LEVA A MENINA AOS OBJETOS UTILIZADOS PARA ESCOVAR OS DENTES.

**LIÇÃO 12**

COM AJUDA DE UM ADULTO, PESQUISE EMBALAGENS DE PRODUTOS QUE VOCÊ USA EM SUA HIGIENE PESSOAL E DESENHE UMA DELAS NO ESPAÇO ABAIXO.

## LIÇÃO 13

BEBER ÁGUA É IMPORTANTE PARA A SAÚDE.

CIRCULE AS FIGURAS QUE MOSTRAM A ÁGUA QUE PODEMOS BEBER.

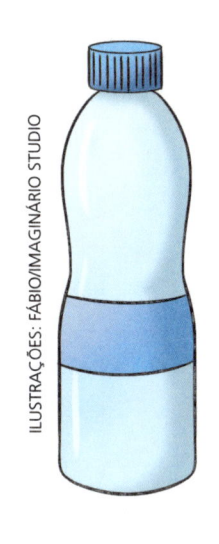

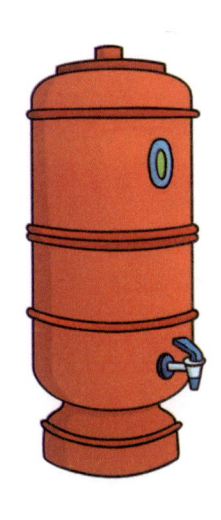

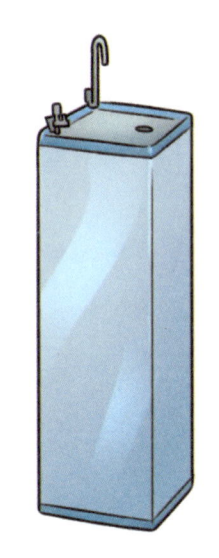

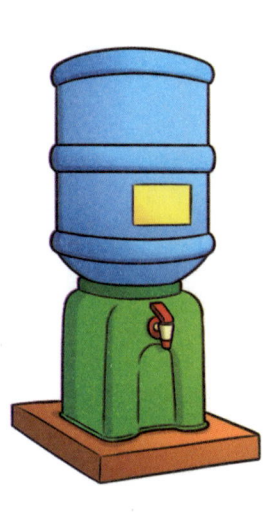

ILUSTRAÇÕES: FÁBIO/IMAGINÁRIO STUDIO

## LIÇÃO 14

ALIMENTOS SAUDÁVEIS TAMBÉM SÃO IMPORTANTES PARA A SAÚDE. CIRCULE OS ALIMENTOS SAUDÁVEIS. DEPOIS, DIGA O NOME DE CADA UM DELES.

FOTOS: PIXABAY

**LIÇÃO 15**

COM A LÍNGUA, SENTIMOS O SABOR DOS ALIMENTOS.

COLE AS FIGURAS DOS ALIMENTOS NO QUADRO ADEQUADO. USE OS ADESIVOS DA PÁGINA 90.

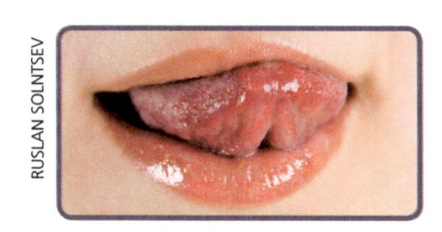

| DOCE | SALGADO | AZEDO |
|------|---------|-------|
|      |         |       |

COM A LÍNGUA, SENTIMOS O SABOR DOS ALIMENTOS,

**LIÇÃO 16**

COM OS OLHOS, PODEMOS VER O QUE EXISTE AO NOSSO REDOR. OBSERVE ATENTAMENTE AS DUAS IMAGENS E ENCONTRE 3 DIFERENÇAS ENTRE ELAS.

## LIÇÃO 17

AS ORELHAS AUXILIAM A ESCUTAR OS SONS.

LIGUE A ORELHA AOS ELEMENTOS QUE PRODUZEM SOM.

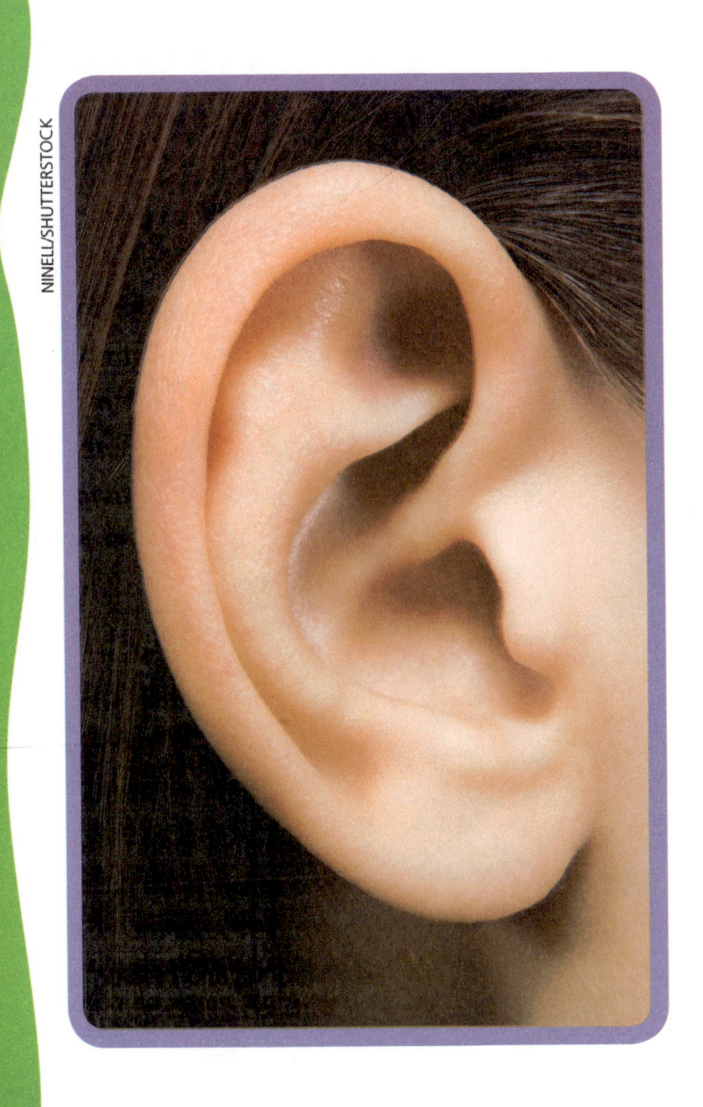

**LIÇÃO 18**

PELO NARIZ PODEMOS SENTIR CHEIROS.
MARQUE UM ✗ NA PARTE DO CORPO QUE O PADEIRO UTILIZA PARA SENTIR O CHEIRO DO PÃO.

**LIÇÃO 19**

PELO TATO, PODEMOS PERCEBER A TEXTURA DOS OBJETOS. COLE OS ADESIVOS DA PÁGINA 90 PARA REPRESENTAR AS TEXTURAS INDICADAS.

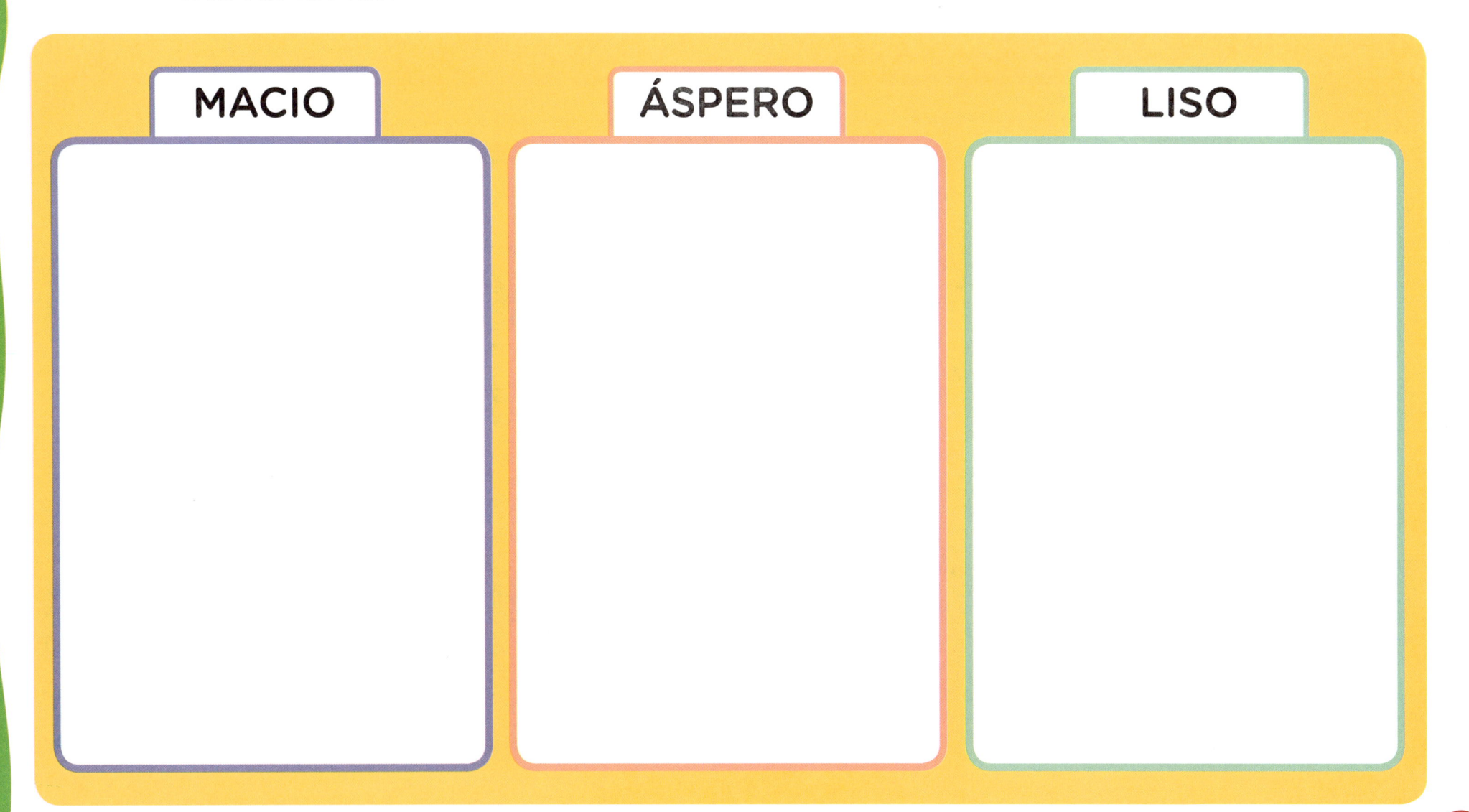

| MACIO | ÁSPERO | LISO |
|---|---|---|
|  |  |  |

**LIÇÃO 20**

POR MEIO DA PELE PODEMOS PERCEBER AS SENSAÇÕES DE CALOR E FRIO. EM DIAS QUENTES, DEVEMOS USAR ROUPAS LEVES.
PINTE A CENA E CIRCULE QUEM NÃO ESTÁ USANDO A ROUPA ADEQUADA PARA O DIA.

**LIÇÃO 21**

EM DIAS FRIOS, DEVEMOS USAR ROUPAS QUE PROTEJAM NOSSO CORPO. PINTE AS ROUPAS QUE VOCÊ USA EM DIAS FRIOS.

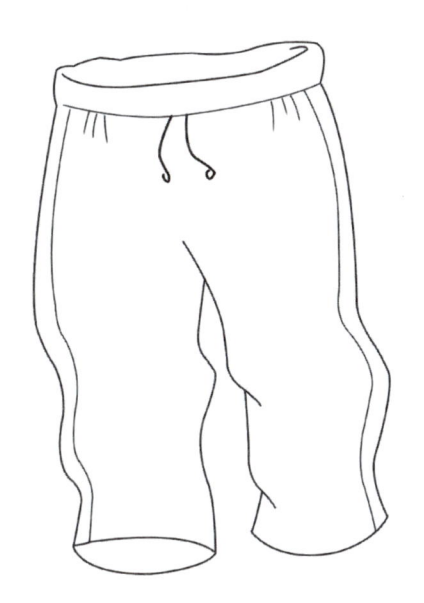

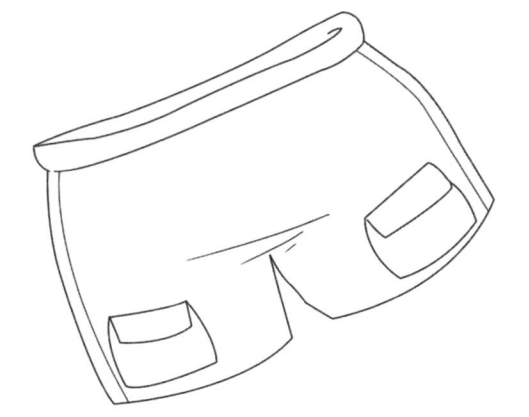

**LIÇÃO 22**

OBSERVE COMO ESTÁ O DIA HOJE. PINTE A CENA QUE REPRESENTA ESTE DIA.

**LIÇÃO 23**

CIRCULE AS CENAS COM ESTAS CORES:

**AMARELO** – O QUE VOCÊ FAZ DURANTE O DIA

**AZUL** – O QUE VOCÊ FAZ DURANTE A NOITE

**LIÇÃO 24**

DESENHE OU COLE UMA FOTO DA SUA FAMÍLIA.

FALE PARA SEUS COLEGAS O NOME DE CADA PESSOA DA SUA FAMÍLIA.

**LIÇÃO 25**

FAÇA UM ✗ NA CENA QUE REPRESENTA UM LUGAR AONDE VOCÊ GOSTARIA DE IR COM A SUA FAMÍLIA.

**LIÇÃO 26**

TODAS AS PESSOAS PRECISAM DE UM LUGAR PARA MORAR. COLE ABAIXO DIFERENTES TIPOS DE MORADIA. USE OS ADESIVOS DA PÁGINA 91.

**LIÇÃO 27**

DESENHE O QUE VOCÊ MAIS GOSTA NA SUA CASA.

**LIÇÃO 28**

LIGUE CADA TIPO DE MORADIA À SOMBRA CORRESPONDENTE.

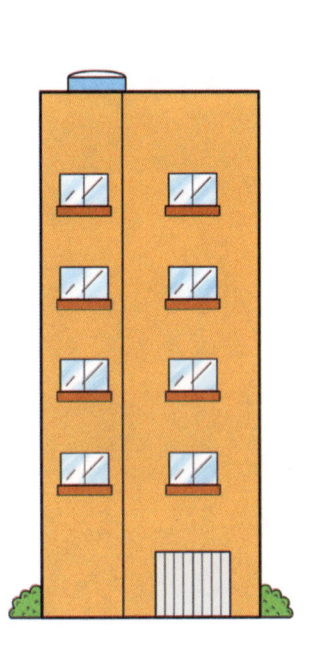

**LIÇÃO 29**

NA ESCOLA APRENDEMOS MUITAS COISAS. CONTE PARA A PROFESSORA E OS COLEGAS O QUE VOCÊ MAIS GOSTA DE FAZER NA ESCOLA. FAÇA UM / NA CRIANÇA QUE ESTÁ PERTO DA ESCOLA.

**VAMOS CANTAR?**

EU VOU, EU VOU
PRA ESCOLA
AGORA EU VOU...
(DOMÍNIO PÚBLICO)

**LIÇÃO 30**

COLE FIGURAS DE OBJETOS QUE VOCÊ COSTUMA USAR NA ESCOLA. USE OS ADESIVOS DA PÁGINA 92. DEPOIS, FALE O NOME DE CADA UM DELES.

**LIÇÃO 31**

MARQUE UM X NO QUE VOCÊ MAIS GOSTA DE FAZER NA ESCOLA.

**LIÇÃO 32**

CIRCULE OS PROFISSIONAIS QUE TRABALHAM NA ESCOLA.

**LIÇÃO 33**

VOCÊ UTILIZA ALGUM MEIO DE TRANSPORTE PARA IR À ESCOLA? QUAL? PINTE-O.

**LIÇÃO 34**

CIRCULE O QUE VOCÊ OBSERVA NO CAMINHO PARA A ESCOLA.

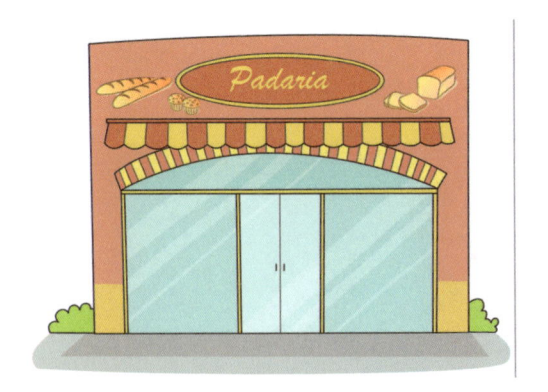

**LIÇÃO 35**

DEVEMOS CUIDAR DO AMBIENTE COM ATITUDES RESPONSÁVEIS. COLE CENAS QUE MOSTRAM COMO CUIDAR DO AMBIENTE. UTILIZE OS ADESIVOS DA PÁGINA 93. CONVERSE COM A PROFESSORA E OS COLEGAS SOBRE O QUE VOCÊ FAZ PARA DEIXAR A ESCOLA LIMPA.

**LIÇÃO 36**

OBSERVE AS CENAS. DEPOIS, DIGA O QUE CADA CRIANÇA ESTÁ FAZENDO. CIRCULE AS CENAS QUE MOSTRAM ATITUDES DE CUIDADO COM O AMBIENTE.

**LIÇÃO 37**

DEVEMOS CUIDAR DO AMBIENTE JOGANDO O LIXO NAS LIXEIRAS. CIRCULE O QUE NÃO ESTÁ CERTO NA CENA.

LIÇÃO 38

NA NATUREZA, PODEMOS VER MUITAS PLANTAS E FLORES. PINTE BEM COLORIDO O JARDIM. UTILIZE GIZ DE CERA.

## LIÇÃO 39

A MAIORIA DAS PLANTAS É FORMADA POR RAIZ, CAULE, FOLHAS, FLORES, FRUTOS E SEMENTES. LIGUE ESSAS PARTES À PLANTA.

**LIÇÃO 40**

COLE OS ADESIVOS DA PÁGINA 94, SEGUINDO A ORDEM DOS ACONTECIMENTOS.

**LIÇÃO 41**

FAÇA UM ✓ NOS ELEMENTOS DE QUE AS PLANTAS NECESSITAM PARA VIVER.

## LIÇÃO 42

PINTE A COPA DA ÁRVORE COM TINTA VERDE. USE SEU DEDO OU UMA ESPONJA.

**LIÇÃO 43**

COLE OS ADESIVOS DE FLORES DA PÁGINA 95 NOS LUGARES INDICADOS.

# LIÇÃO 44

ALGUMAS PLANTAS DÃO FRUTOS QUE PODEMOS COMER.
LIGUE OS FRUTOS ÀS SUAS ÁRVORES.

**LIÇÃO 45**

PINTE AS FRUTAS QUE VOCÊ USARIA PARA PREPARAR UMA SALADA.

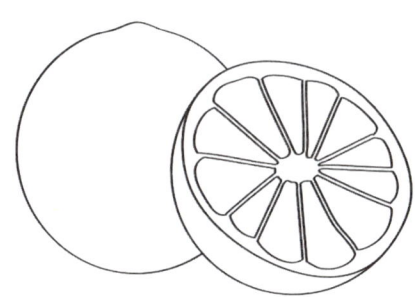

## LIÇÃO 46

OS ANIMAIS SÃO SERES VIVOS QUE TAMBÉM PRECISAM DE ALIMENTO, DE ÁGUA, DE ABRIGO E DE CUIDADOS.

CIRCULE OS ANIMAIS QUE POSSUEM O CORPO COBERTO POR PENAS COMO O PINTINHO EM DESTAQUE.

## LIÇÃO 47

CIRCULE OS ANIMAIS QUE POSSUEM O CORPO COBERTO POR PELOS, COMO O CACHORRINHO.

IRINA MAKSIMOVA/SHUTTERSTOCK
DOROTTYA MATHE/SHUTTERSTOCK 
CYNOCLUB/SHUTTERSTOCK 
ERIC ISSELEE/SHUTTERSTOCK 
ANAN KAEWKHAMMUL/SHUTTERSTOCK

CIRCULE OS ANIMAIS QUE POSSUEM O CORPO COBERTO POR PELOS, COMO O LACHORRINHO.

LIÇÃO 48

O PEIXE É UM ANIMAL QUE POSSUI O CORPO COBERTO POR ESCAMAS. PINTE A CENA E FAÇA MARCAS NAS ESCAMAS DO PEIXE.

## LIÇÃO 49

ALGUNS ANIMAIS SE MOVIMENTAM PELO CHÃO, PODEM ANDAR OU CORRER. TRACE O CAMINHO QUE LEVA O PORCO ATÉ O CHIQUEIRO. USE GIZ DE CERA.

53

## LIÇÃO 50

PINTE AS BOLINHAS POR ONDE O CACHORRO ANDARÁ ATÉ CHEGAR AO POTE DE RAÇÃO. USE TINTA GUACHE.

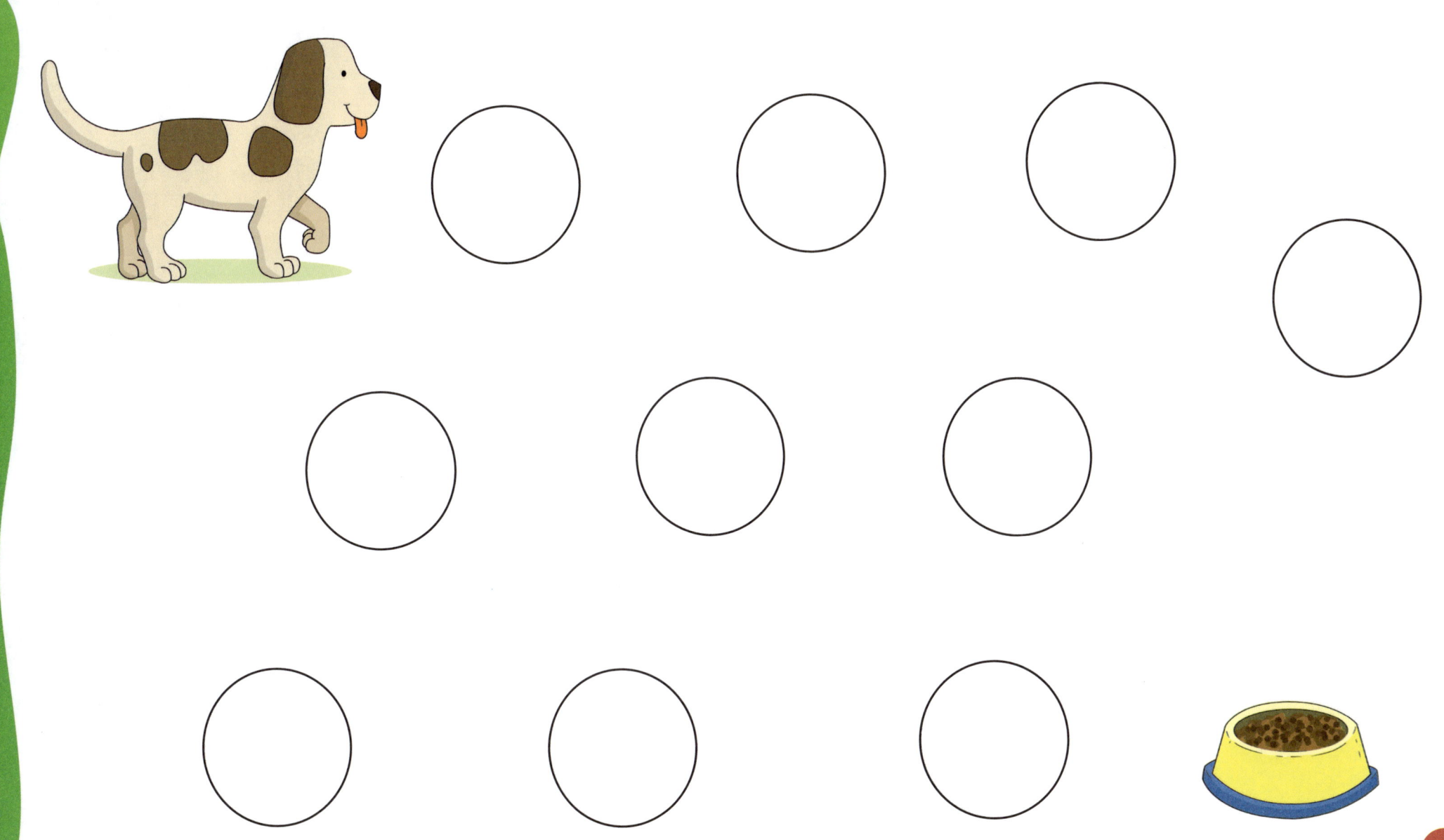

LIÇÃO 51

A COBRA É UM ANIMAL QUE RASTEJA.
PINTE E CONTINUE A SEQUÊNCIA DAS CORES.

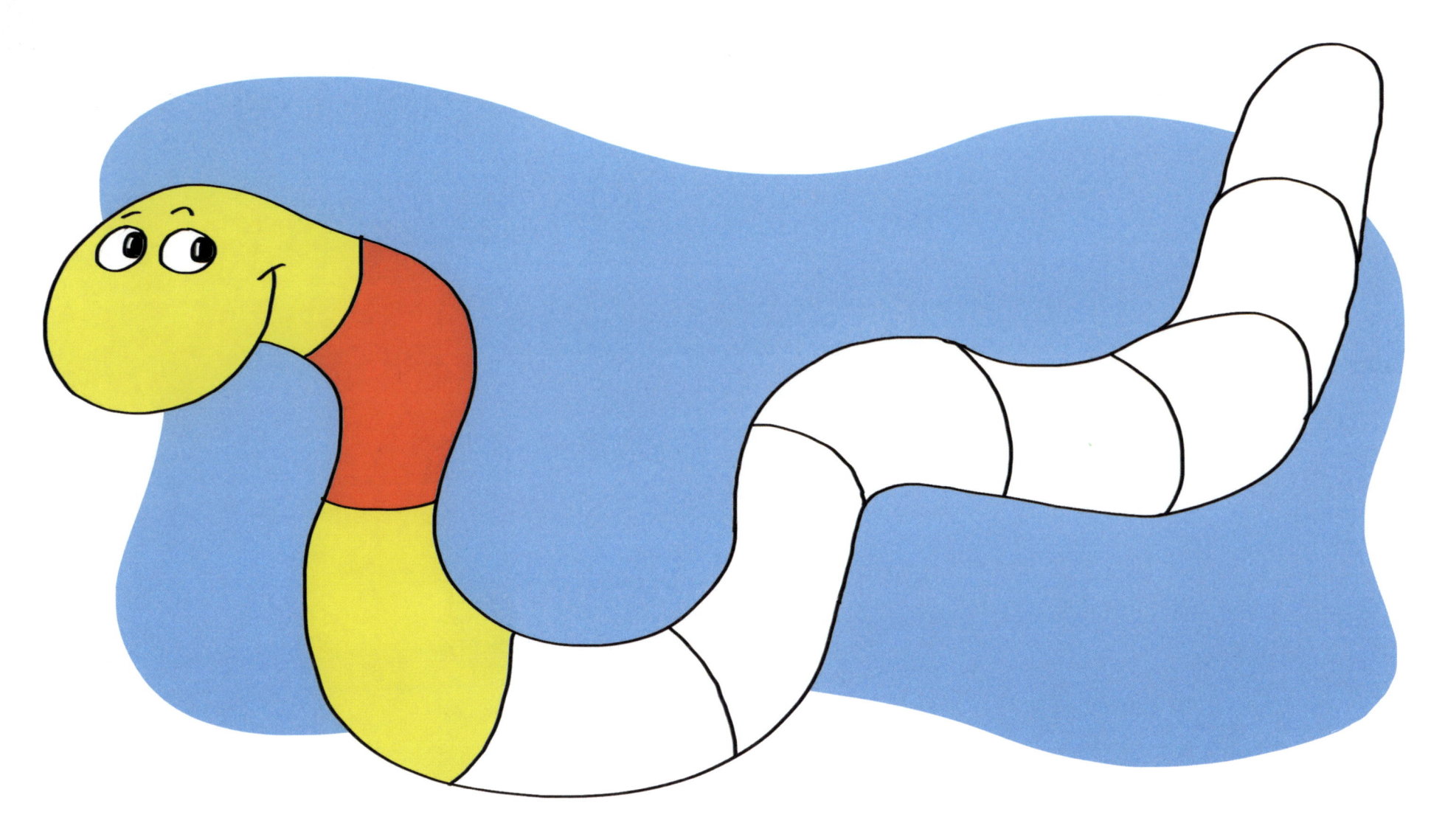

55

A COBRA É UM ANIMAL QUE RASTEJA.
PINTE E CONTINUE A SEQUÊNCIA DAS CORES.

**LIÇÃO 52**

OS ANIMAIS MARINHOS NADAM.

ESCUTE O NOME DE ALGUNS ANIMAIS QUE A PROFESSORA VAI FALAR E REPITA-OS. COMPLETE A CENA DO FUNDO DO MAR COM AS FIGURAS DESSES ANIMAIS. USE OS ADESIVOS DA PÁGINA 95.

**LIÇÃO 53**

PINTE OS ANIMAIS QUE SE MOVIMENTAM PELO AR, QUE VOAM.

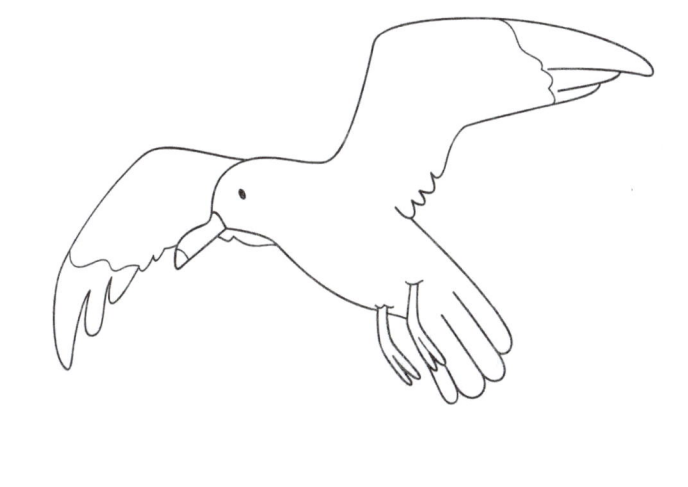

PINTE OS ANIMAIS QUE SE MOVIMENTAM PELO AR QUE VOAM.

LIÇÃO 54

A BORBOLETA VOA.

PINTE O CAMINHO QUE LEVARÁ A BORBOLETA ATÉ AS FLORES.

58

**LIÇÃO 55**

ALGUNS ANIMAIS, COMO OS PATOS, VIVEM NO CAMPO, EM SÍTIOS OU FAZENDAS. COM A AJUDA DA PROFESSORA, COLOQUE OS ADESIVOS DA PÁGINA 96 NA ORDEM CORRETA. DEPOIS, CONTE A HISTÓRIA PARA OS COLEGAS.

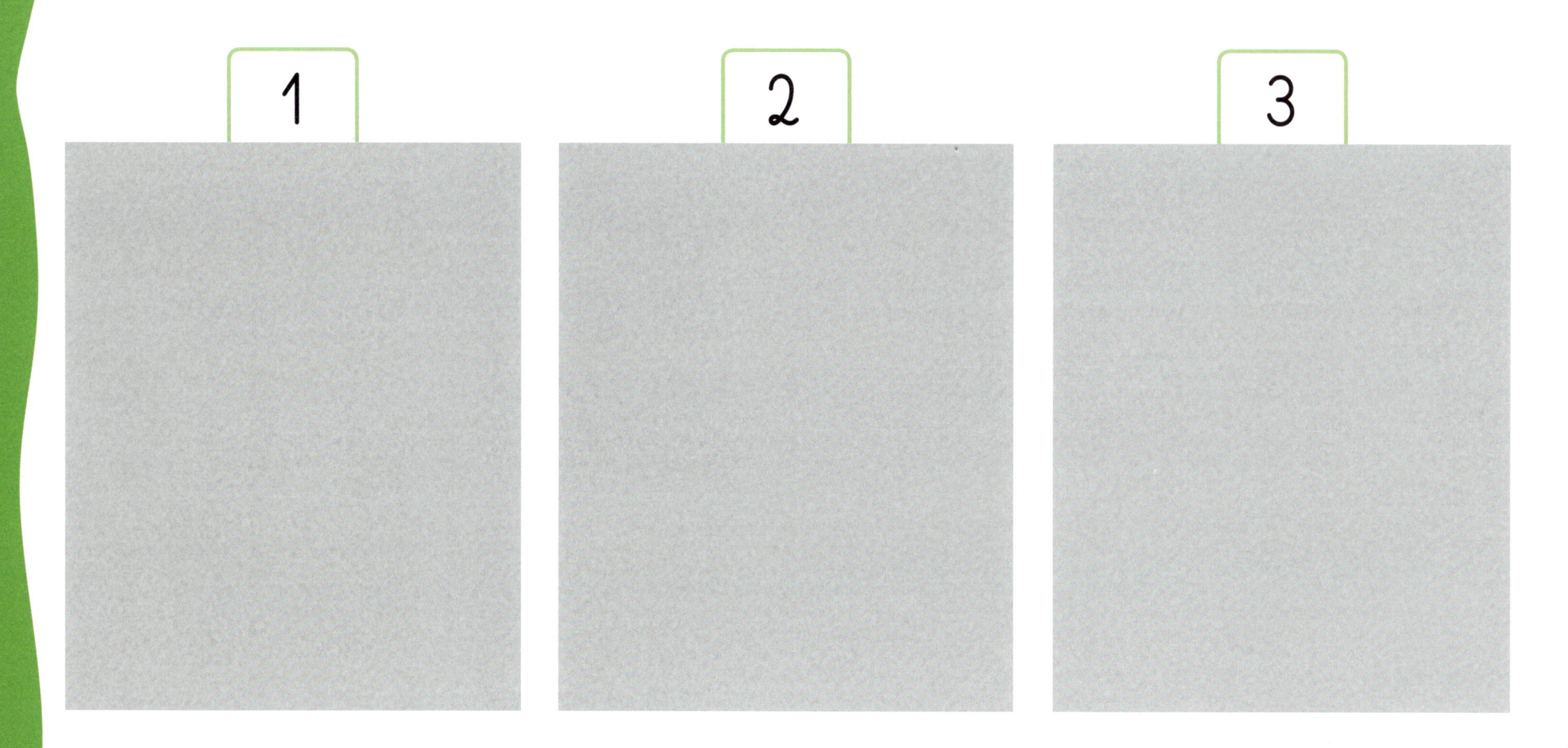

| 1 | 2 | 3 |
|---|---|---|
|   |   |   |

**LIÇÃO 56**

OBSERVE A CENA E CIRCULE OS ANIMAIS QUE NÃO PODEM VIVER NO CAMPO.

## LIÇÃO 57

OS ANIMAIS SILVESTRES NÃO PODEM VIVER PERTO DAS PESSOAS. ELES VIVEM NAS MATAS E NAS FLORESTAS. PINTE OS ANIMAIS SILVESTRES.

**LIÇÃO 58**

OS ANIMAIS DOMESTICADOS PODEM VIVER PERTO DAS PESSOAS. LIGUE OS ANIMAIS DOMESTICADOS ÀS CRIANÇAS.

## LIÇÃO 59

OS MEIOS DE TRANSPORTE SERVEM PARA LEVAR PESSOAS E OBJETOS DE UM LUGAR PARA OUTRO. COLE OS MEIOS DE TRANSPORTE NOS LUGARES ADEQUADOS. USE OS ADESIVOS DA PÁGINA 96.

**LIÇÃO 60**

CUBRA O TRACEJADO E ENCONTRE UM MEIO DE TRANSPORTE TERRESTRE. USE GIZ DE CERA.

**LIÇÃO 61**

O AVIÃO É UM MEIO DE TRANSPORTE AÉREO.
CUBRA O CAMINHO DO AVIÃO ATÉ A NUVEM COM TINTA AZUL.

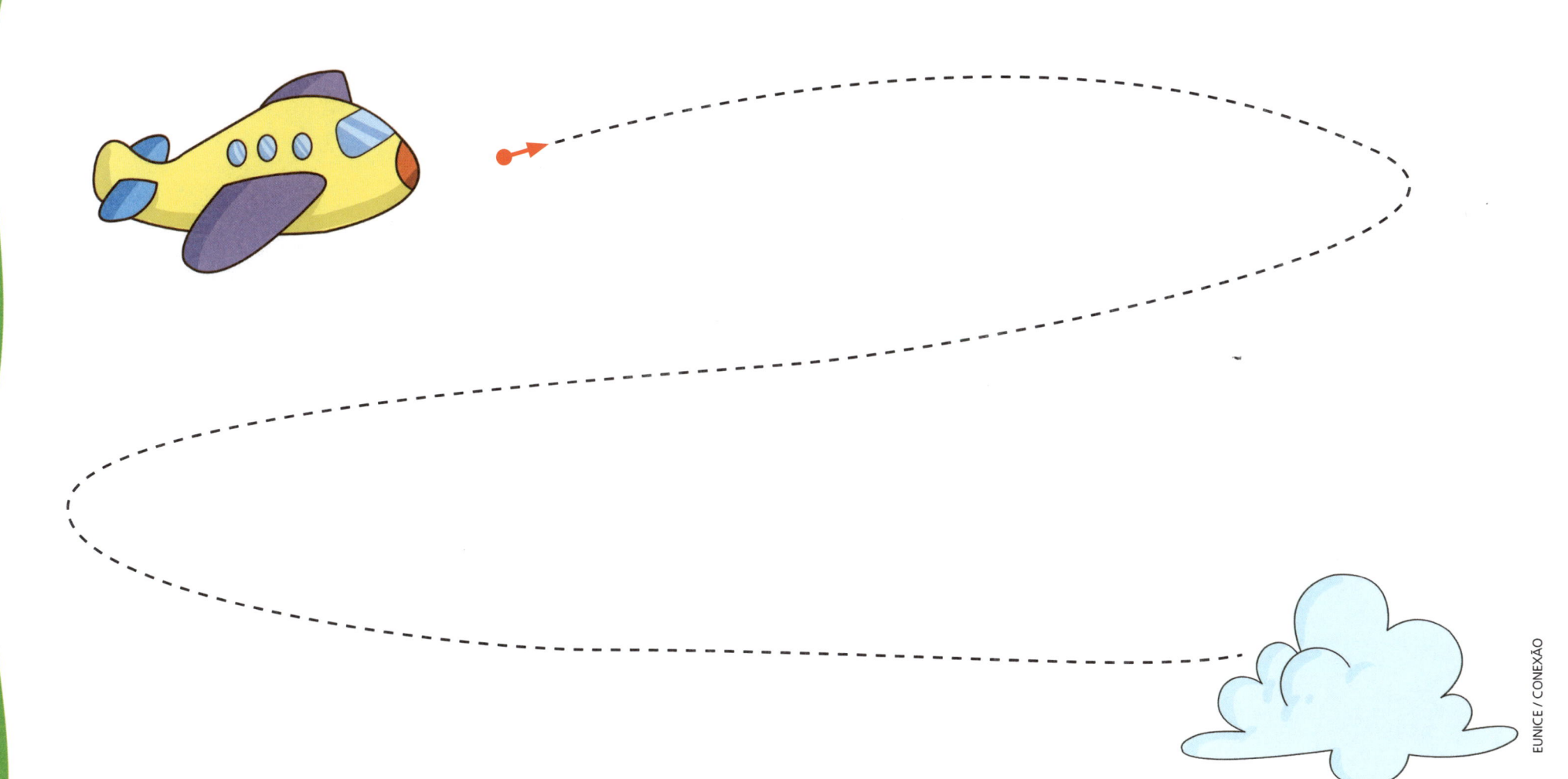

**LIÇÃO 62**

CUBRA O TRACEJADO E DESCUBRA UM MEIO DE TRANSPORTE AQUAVIÁRIO. USE A COR PRETA. DEPOIS, PINTE A CENA.

**LIÇÃO 63**

O SEMÁFORO ORIENTA OS MOTORISTAS E PEDESTRES A SE LOCOMOVEREM NO TRÂNSITO.

COM AJUDA DA PROFESSORA, PINTE OS SEMÁFOROS COM AS CORES QUE ELES TÊM.

**SEMÁFORO PARA VEÍCULOS**

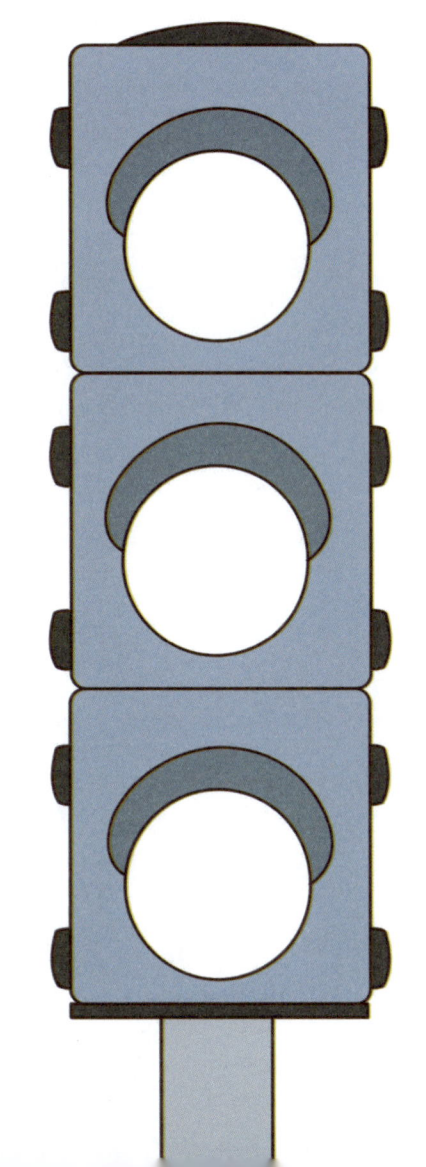

**SEMÁFORO PARA PEDESTRES**

**LIÇÃO 64**

OS MEIOS DE COMUNICAÇÃO SERVEM PARA LEVAR NOTÍCIAS E INFORMAÇÕES E PARA AS PESSOAS SE COMUNICAREM.
COLE NOS QUADROS ABAIXO OS MEIOS DE COMUNICAÇÃO QUE VOCÊ PODE USAR PARA FALAR E SE COMUNICAR COM UM AMIGO. USE OS ADESIVOS DA PÁGINA 97.

**LIÇÃO 65**

LIGUE OS MEIOS DE COMUNICAÇÃO ÀS FIGURAS QUE MOSTRAM ONDE ESTÃO SENDO USADOS.

**LIÇÃO 66**

A MÚSICA É UMA FORMA DE COMUNICAÇÃO E EXPRESSÃO. FORME UMA BANDINHA E CANTE COM A PROFESSORA E OS COLEGAS. DESENHE UM INSTRUMENTO MUSICAL QUE VOCÊ GOSTA DE OUVIR TOCAR.

**VAMOS CANTAR?**

**A LOJA DO MESTRE ANDRÉ**
FOI NA LOJA DO MESTRE ANDRÉ
QUE EU COMPREI UM PIANINHO
PLIM, PLIM, PLIM, UM PIANINHO

**LIÇÃO 67**

O ANO ESTÁ CHEGANDO AO FIM. VOCÊ APRENDEU MUITAS COISAS NESTE ANO. PINTE AS CENAS QUE MOSTRAM AÇÕES QUE VOCÊ CONSEGUE REALIZAR SEM AJUDA.

**LIÇÃO 68**

PENSE EM TUDO O QUE VOCÊ APRENDEU ESTE ANO.

FAÇA UM DESENHO DO QUE VOCÊ MAIS GOSTOU DE SABER.

PENSE EM TUDO O QUE VOCÊ APRENDEU ESTE ANO.
FAÇA UM DESENHO DO QUE VOCÊ MAIS GOSTOU DE SABER.

# ALMANAQUE

# ANIVERSÁRIO

OBSERVE O CALENDÁRIO E, COM A AJUDA DA PROFESSORA, PINTE O MÊS DO SEU ANIVERSÁRIO. DEPOIS, RECORTE E MONTE O QUEBRA-CABEÇA DA FESTA DE ANIVERSÁRIO.

| ANO: | |
|---|---|
| JANEIRO | FEVEREIRO |
| MARÇO | ABRIL |
| MAIO | JUNHO |
| JULHO | AGOSTO |
| SETEMBRO | OUTUBRO |
| NOVEMBRO | DEZEMBRO |

# CARNAVAL

PINTE E ENFEITE A MÁSCARA DE CARNAVAL.

ALMANAQUE

# PÁSCOA

O OVO É UM DOS SÍMBOLOS DA PÁSCOA.

COLE PAPEL COLORIDO NOS OVOS DE PÁSCOA DE ACORDO COM A MÚSICA.

**VAMOS CANTAR?**

COELHINHO DA PÁSCOA
QUE TRAZES PRA MIM?
UM OVO,
DOIS OVOS,
TRÊS OVOS, ASSIM.
COELHINHO DA PÁSCOA
QUE COR ELES TÊM?
AZUL, AMARELO,
VERMELHO TAMBÉM.

DOMÍNIO PÚBLICO.

# MÁSCARA DO COELHO DA PÁSCOA

O COELHO É OUTRO SÍMBOLO DA PÁSCOA. PINTE E RECORTE A MÁSCARA DO COELHINHO.

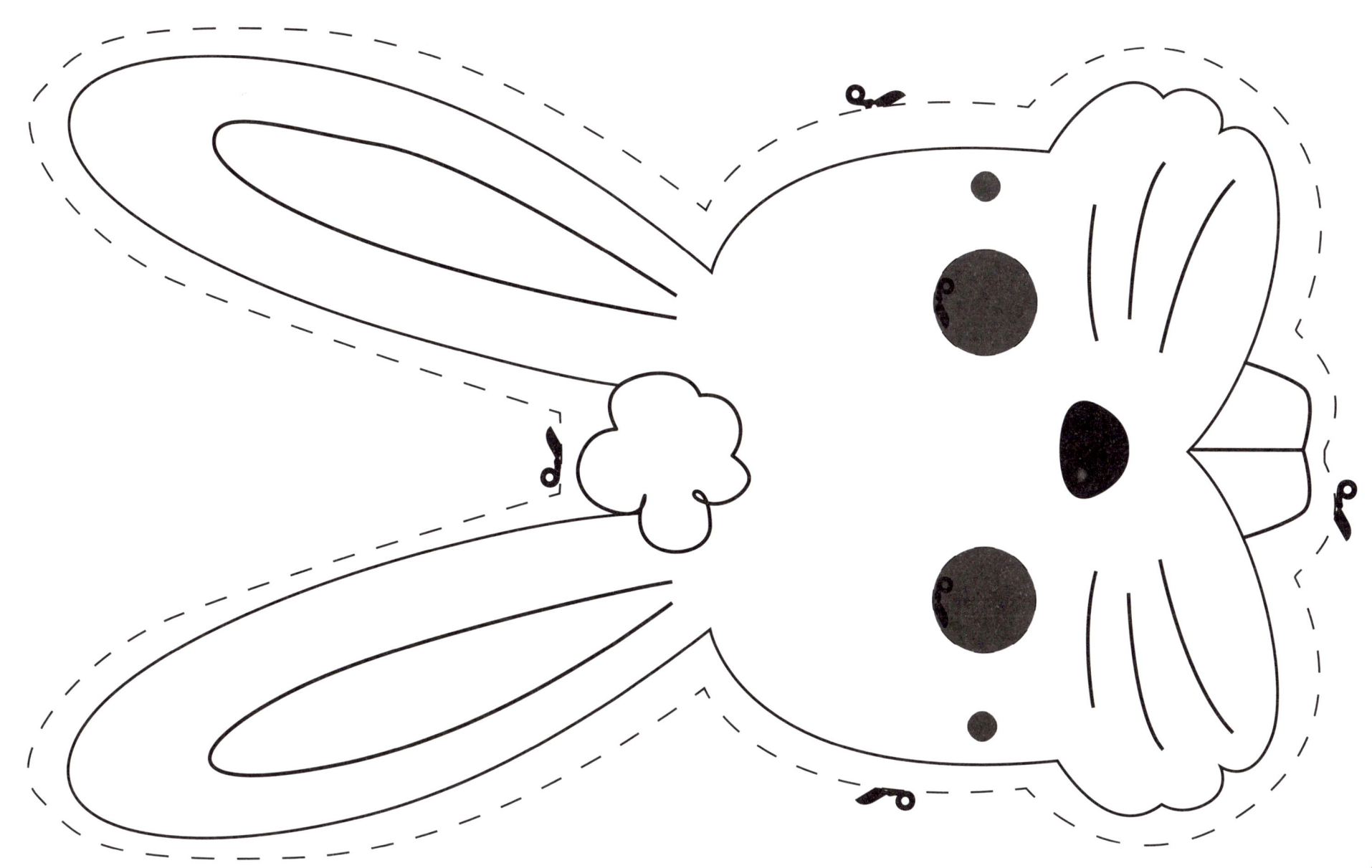

ALMANAQUE

# DIA DO ÍNDIO – 19 DE ABRIL

NO DIA 19 DE ABRIL COMEMORAMOS O DIA DO ÍNDIO.

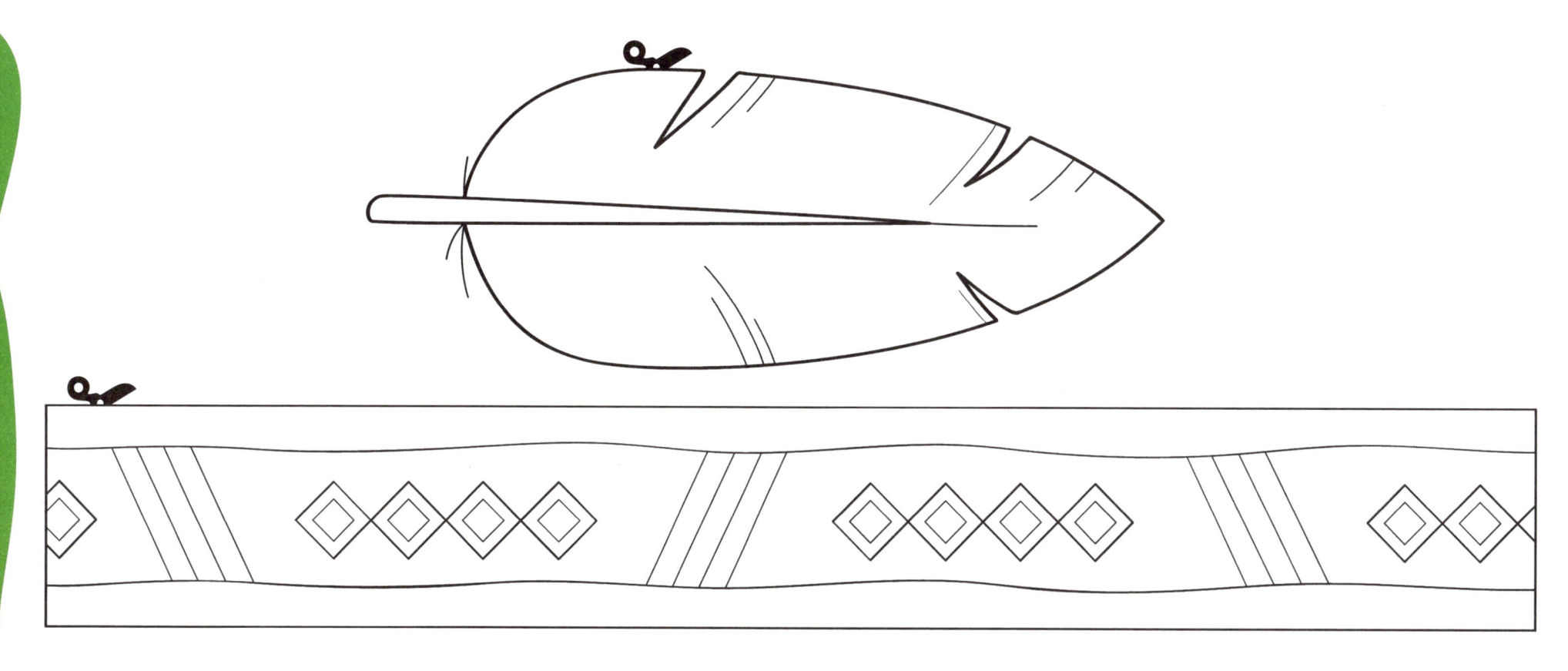

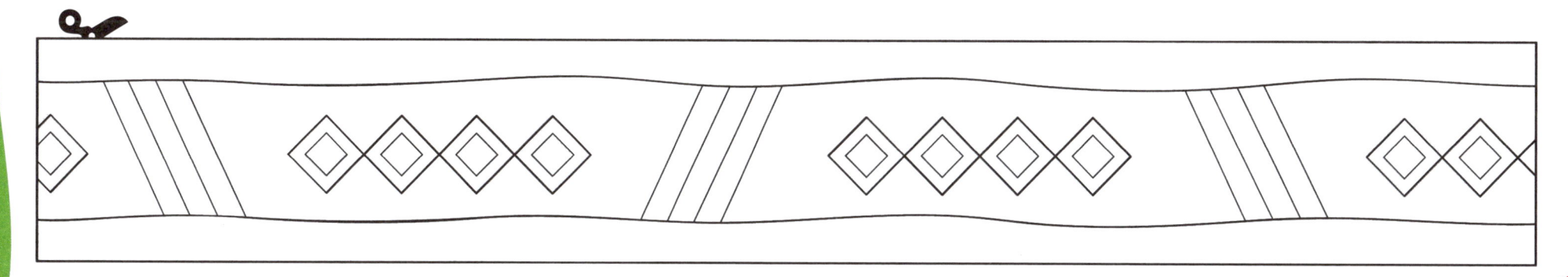

# DIA DAS MÃES

DESENHE SUA MÃE.

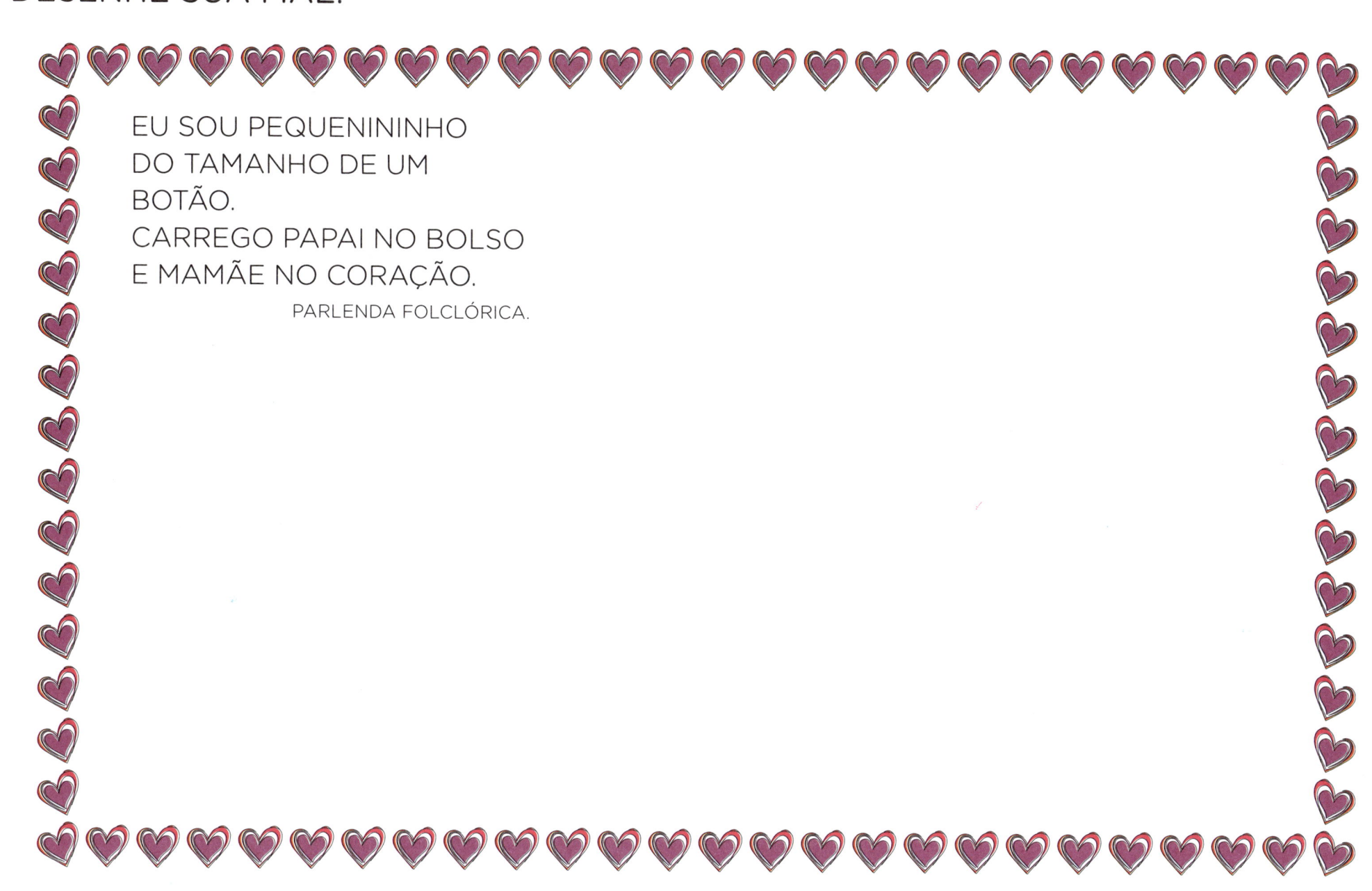

EU SOU PEQUENININHO
DO TAMANHO DE UM BOTÃO.
CARREGO PAPAI NO BOLSO
E MAMÃE NO CORAÇÃO.

PARLENDA FOLCLÓRICA.

ALMANAQUE

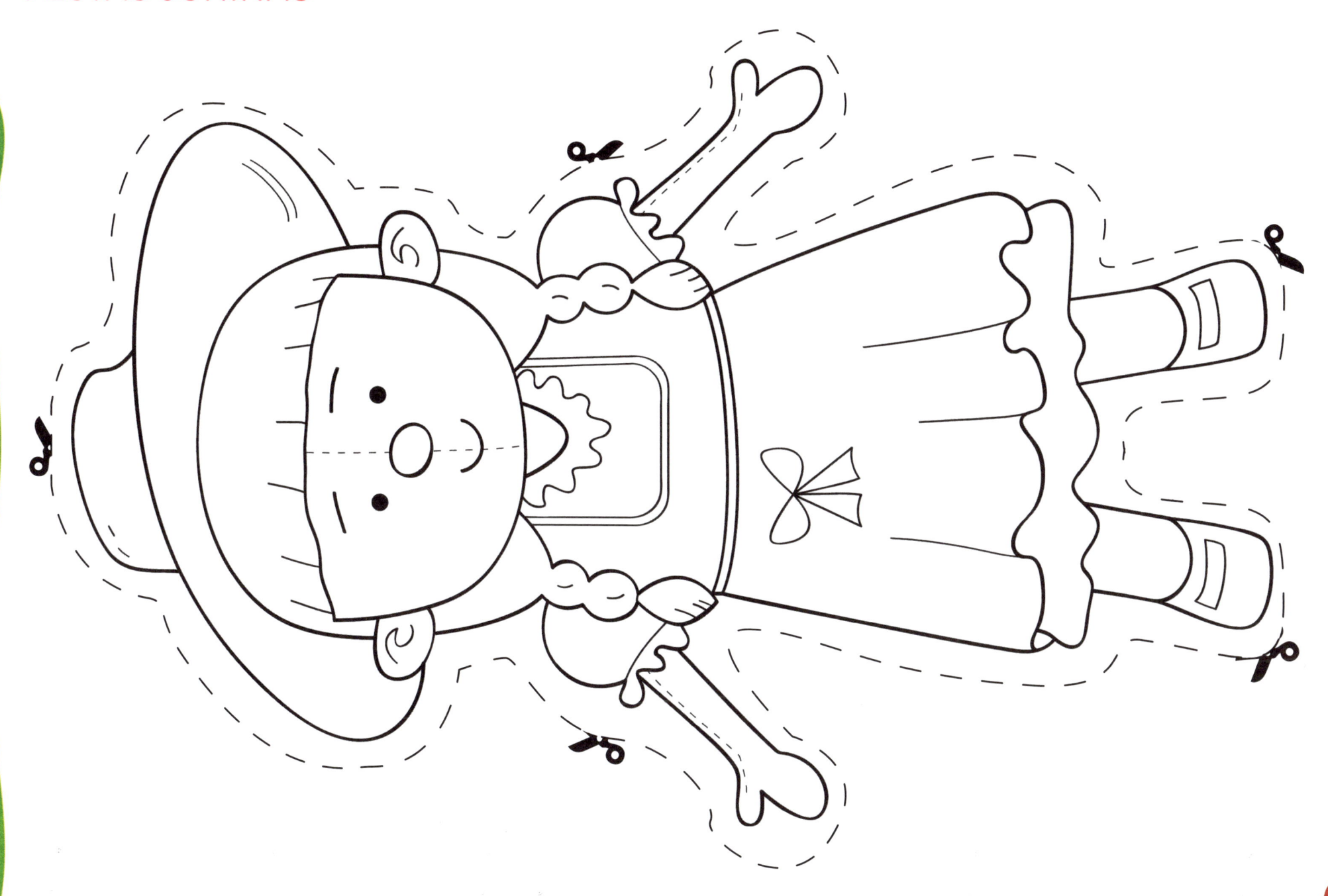

# FESTAS JUNINAS

# FESTAS JUNINAS

## DIA DOS PAIS

NO SEGUNDO DOMINGO DO MÊS DE AGOSTO, COMEMORAMOS O DIA DOS PAIS. DESENHE OU COLE UMA FOTO DO SEU PAI NO PORTA-RETRATOS E FAÇA A MOLDURA COM PEDAÇOS DE PAPÉIS COLORIDOS.

ALMANAQUE

> MEU QUERIDO PAPAIZINHO,
> VAMOS HOJE FESTEJAR!
> ACEITE UM PRESENTE COM CARINHO
> QUE AGORA VOU LHE DAR!
>
> AS AUTORAS.

# DIA DA ÁRVORE – 21 DE SETEMBRO

COM A AJUDA DE UM ADULTO, PESQUISE UMA IMAGEM DE ÁRVORE A COLE-A NO ESPAÇO ABAIXO.

ALMANAQUE

## DIA DA CRIANÇA – 12 DE OUTUBRO

HOJE É O SEU DIA! FAÇA UM DESENHO USANDO TINTA GUACHE.

ALMANAQUE

# DIA DO PROFESSOR

NO DIA 15 DE OUTUBRO, HOMENAGEAMOS O PROFESSOR.

FAÇA UM DESENHO PARA A PROFESSORA.

# DIA DA BANDEIRA – 19 DE NOVEMBRO

O DIA DA BANDEIRA É COMEMORADO EM 19 DE NOVEMBRO.
PINTE A BANDEIRA DO BRASIL DE ACORDO COM A LEGENDA.

VERDE

AMARELO

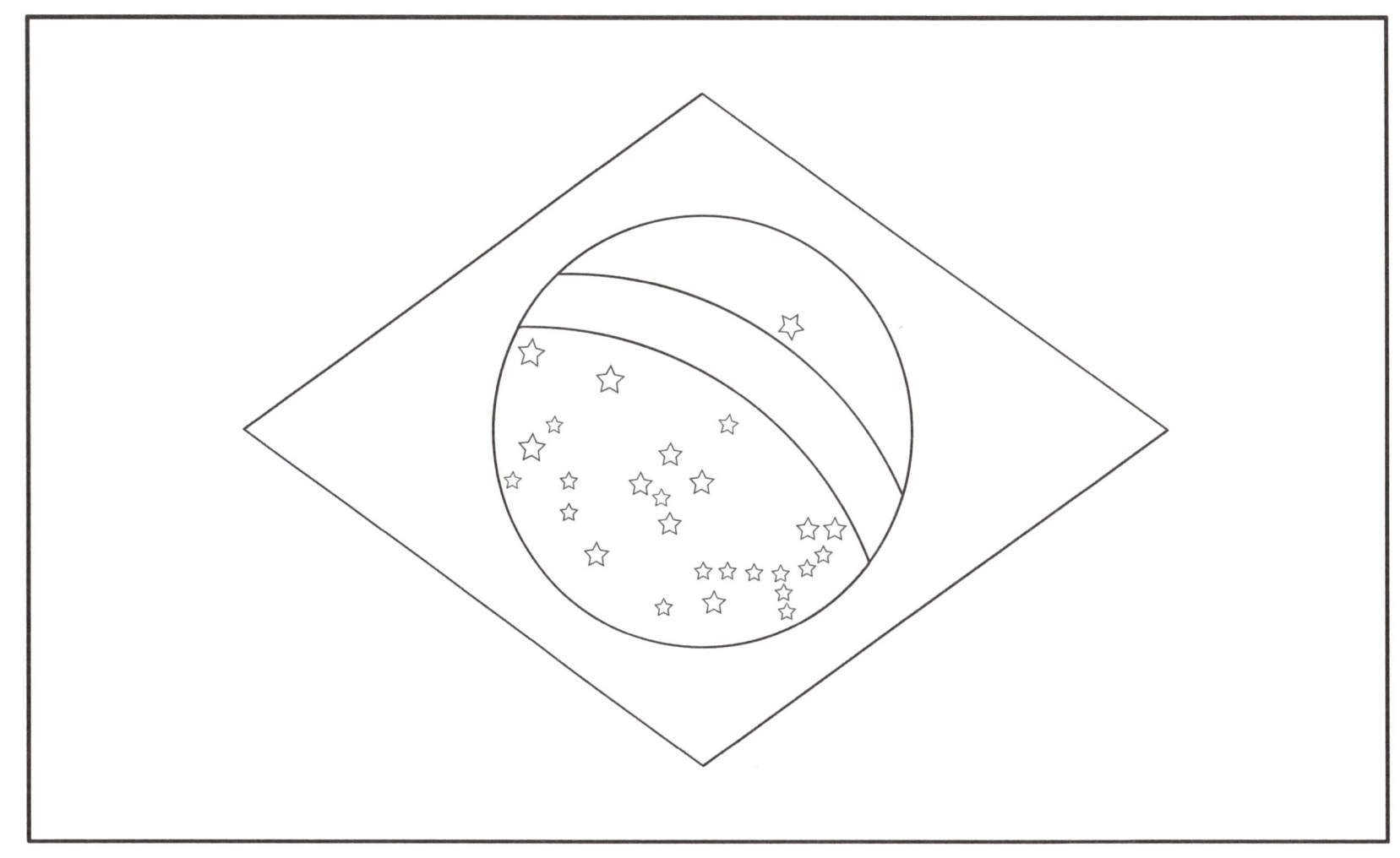

AZUL

# FESTAS DE FIM DE ANO

FAÇA UM DESENHO REPRESENTANDO AS FESTAS DE FIM DE ANO.

# ORIGAMI DE TULIPA

## FAÇA A DOBRADURA DESTA FLOR E ENTREGUE A QUEM VOCÊ QUISER.

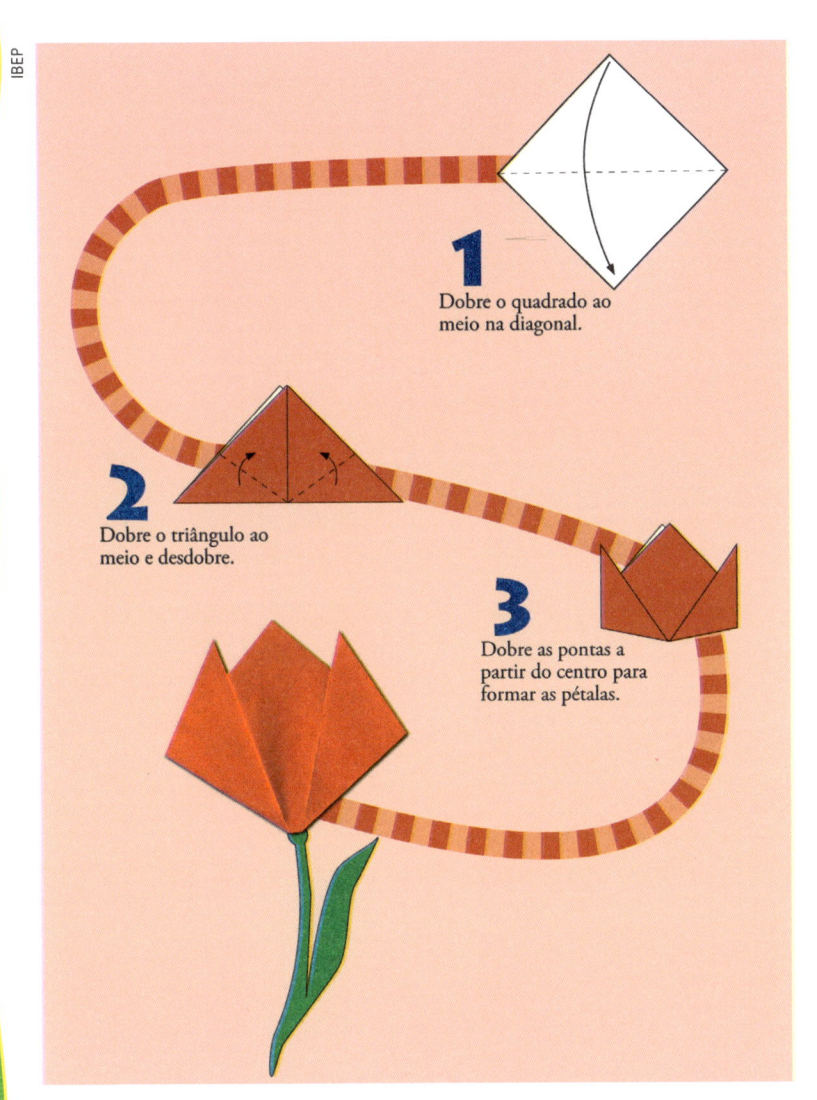

**1** Dobre o quadrado ao meio na diagonal.

**2** Dobre o triângulo ao meio e desdobre.

**3** Dobre as pontas a partir do centro para formar as pétalas.

Fonte: *Origami*: um jeito divertido de aprender! Angela Anita Cantele e Bruna Renata Cantele. São Paulo: IBEP, 2013, p. 15.

# LIÇÃO 1

ADESIVOS

Parte integrante da coleção **Eu gosto m@is** – Educação Infantil – Natureza e Sociedade – volume 1 – IBEP.

# LIÇÃO 15

# LIÇÃO 19

Parte integrante da coleção **Eu gosto m@is** – Educação Infantil – Natureza e Sociedade – volume 1 – IBEP.

# LIÇÃO 26

ADESIVOS

Parte integrante da coleção **Eu gosto m@is** – Educação Infantil – Natureza e Sociedade – volume 1 – IBEP.

# LIÇÃO 30

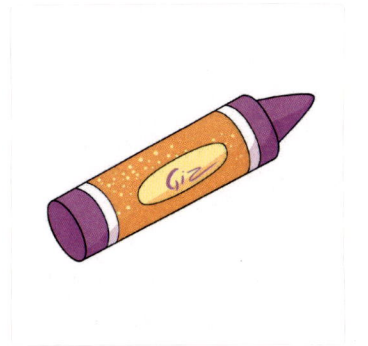

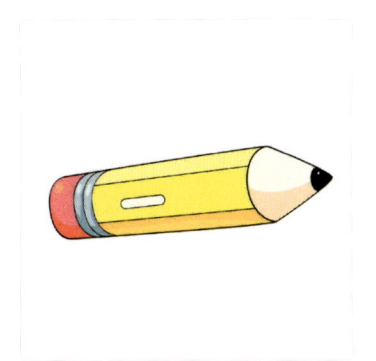

# LIÇÃO 35

ADESIVOS

Parte integrante da coleção **Eu gosto m@is** – Educação Infantil – Natureza e Sociedade – volume 1 – IBEP.

# LIÇÃO 40

Parte integrante da coleção **Eu gosto m@is** – Educação Infantil – Natureza e Sociedade – volume 1 – IBEP.

# LIÇÃO 43

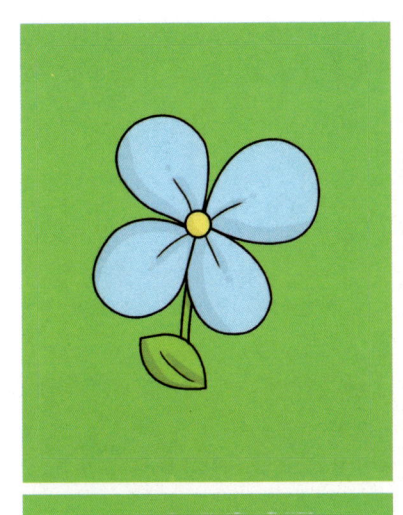

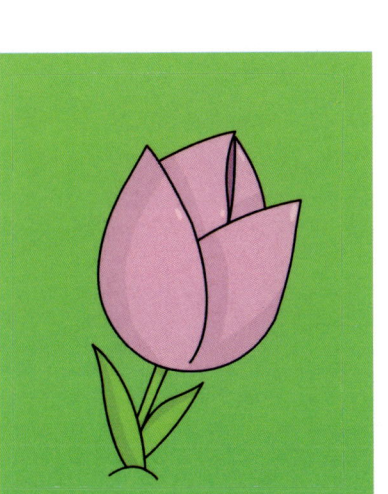

# LIÇÃO 52

ADESIVOS

Parte integrante da coleção **Eu gosto m@is** – Educação Infantil – Natureza e Sociedade – volume 1 – IBEP.

# LIÇÃO 55

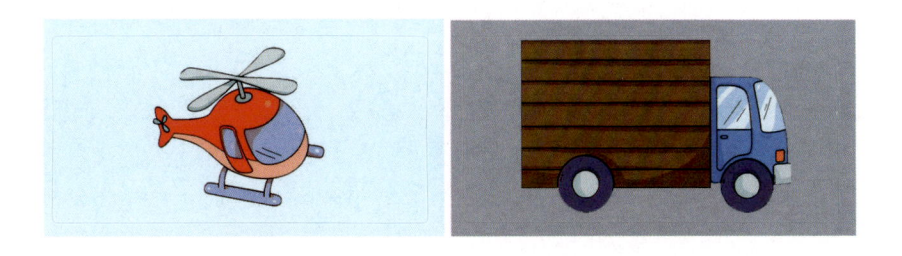

# LIÇÃO 59

# LIÇÃO 64

ADESIVOS

Parte integrante da coleção **Eu gosto m@is** – Educação Infantil – Natureza e Sociedade – volume 1 – IBEP.